LECTURES PIEUSES

FÊTES DU DOCTORAT
DE
SAINT FRANÇOIS DE SALES

À CETTE OCCASION

COUP D'ŒIL SUR SES ÉCRITS ET SA DIRECTION
SPIRITUELLE

AUX AMES PIEUSES

FÊTES DU DOCTORAT

DE

SAINT FRANÇOIS DE SALES

*
* *

A CETTE OCCASION

COUP D'ŒIL SUR SES ÉCRITS ET SA DIRECTION
SPIRITUELLE.

Le décret qui déclare saint François de Sales docteur de l'Église, est la plus haute sanction de ses doctrines et de ses enseignements.....

A vous, âmes chrétiennes, d'aller avec confiance y étudier les principes d'une piété et d'une perfection qu'il vous sera possible de réduire en pratique, tout en vivant au milieu du monde.

Pourquoi faut-il que la plupart des fidèles connaissent à peine, ou ne lisent pas suffisamment, pour s'en pénétrer, les livres que le cœur et la plume d'un auteur *aimé de Dieu et des hommes*, nous ont légués ?

De nos jours, nous ne le savons que trop, hélas ! l'obstacle qui intercepte les communications des saints, au moyen de leurs écrits, avec les âmes de leurs frères d'ici-bas, c'est, outre la légèreté des caractères, l'indifférence ou l'ignorance religieuse ; c'est le déplorable alliage de la vie chrétienne et de ses saintes pratiques, avec des habitudes toutes mondaines et parfois condamnables.

Protestons contre une situation funeste au règne de Jésus-Christ dans les âmes, à l'occasion du Doctorat auquel l'univers catholique s'applaudit de rendre hommage, et que l'Ordre de la Visitation s'apprête à célébrer solennellement.

C'est le but que nous nous sommes proposé en publiant notre modeste opuscule.

Mais ce qui pourra ajouter à son succès, c'est, outre la grâce du Ciel, le souvenir des paroles à la fois grandes et humbles que Pie IX adressait un jour à l'évêque exilé, dont la mansuétude rappelle la douce figure de son illustre prédécesseur saint François de Sales : « Je ne connais rien de beau, rien
« de fort et d'attendrissant comme une pen-
« sée de votre Saint ; c'est ma méditation et
« ma lecture spirituelle de chaque jour. »

SAINT FRANÇOIS DE SALES

DOCTEUR DE L'ÉGLISE

De tous les saints, François de Sales est peut-être le plus universellement connu, aimé, vénéré, non-seulement pour ses vertus et son apostolat, mais encore à cause de ses écrits et de sa doctrine. Aussi pouvons-nous affirmer, et nous en avons les preuves, que la grande nouvelle transmise de Rome tout récemment, a été accueillie de toutes parts avec joie et bonheur; nouvelle qui nous apprenait qu'une sentence glorieuse ayant été prononcée par le Saint-Siége, en vertu de ce jugement saint François de Sales a pris rang parmi les Docteurs de l'Église.

Pour expliquer les motifs qui ont déterminé le Souverain Pontife à couronner notre saint de l'auréole doctorale, nous nous bornerons à emprunter à des *Études religieuses*, quelques pensées d'un éminent écrivain qui a parfaitement saisi et développé ces motifs.

Arrêtons-nous à la page qui nous a le plus frappé.

« La sainteté et la prédication ne suffisent pas à ces honneurs suprêmes. Le savant qui parle à ses contemporains les émeut par son éloquence, les éclaire par sa sagesse, mais sa parole s'éteint à l'heure de sa mort, il a passé comme un brillant météore; il n'est pas du nombre des étoiles qui ne cessent de scintiller sur la voûte azurée.

« Il faut des écrits, mais des écrits tout imprégnés d'une vaste science qui sonde les profondeurs des saintes lettres et en dévoile le sens mystérieux, qui pénètre au fond des dogmes divers, science excellente entre toutes et par la sublimité de son objet et par l'ampleur de son étendue, science salutaire dans ses effets; car le docteur est placé comme une sentinelle sur les remparts de la sainte Sion, son regard perçant découvre les trames de l'hérésie, en déjoue les complots, défend courageusement les vérités de la foi contre les criminels attentats.

« Le docteur est aussi guide des âmes, il leur apprend à remplir généreusement les devoirs de la vie chrétienne, et par la pratique des vertus les plus relevées, il les conduit aux plus hauts sommets de la perfection. »

Tel fut saint François de Sales.

Mais pourquoi ne dirions-nous pas ici qu'outre le titre de Docteur de l'Église, qui lui a été décerné, saint François de Sales avait mérité d'avance, celui de prophète du Sacré Cœur ? Ne semble-t-il pas en effet que le divin Sauveur lui eût fait lire le plus doux des livres, en lui communiquant les inventions de son amour, afin qu'il en répandît le parfum et la doctrine ?

COUP D'ŒIL SUR SES ÉCRITS

Fénelon a fait en quelques mots l'éloge des écrits, dont nous allons parler.

« Vous ne sauriez lire rien de plus utile que les livres de saint François de Sales. Tout y est expérience, sentiment et lumière. Son style naïf montre une simplicité aimable qui est au-dessus de toutes les grâces de l'esprit profane. Sans raisonner il instruit plus que tous les savants qui raisonnent. On goûte en lui la bénignité du Sauveur, la douceur et la modestie de Jésus-Christ. »

De son côté, Bourdaloue a rendu hommage à l'auteur en disant : « Sa doctrine est une *viande, non de la terre, mais du ciel,* qui de la même substance nourrit aussi bien que la manne toutes sortes de personnes, et je puis dire, sans blesser le respect dû aux autres écrivains, qu'après les saintes Ecritures, il n'y a point d'ouvrages qui aient plus entretenu la piété parmi les fidèles que ceux de ce saint évêque. »

INTRODUCTION A LA VIE DÉVOTE

Pour se former une juste idée de ce livre, il suffirait d'en citer la préface, où François de Sales, après avoir rendu compte des circonstances particulières qui le déterminèrent à publier de *simples conseils*, adressés à *une âme dont la direction lui avait été confiée*, expose l'ordre qu'il a suivi et qu'il avait en vue ; mais nous dépasserions les bornes que nous nous sommes prescrites.

Pour y suppléer, écoutons sainte Jeanne-Françoise de Chantal : « L'*Introduction à la vie dévote* fut, pour les personnes qui vivent dans le monde, un livre que l'on dit que le seul esprit de Dieu a dicté, livre si hautement et si universellement loué des savants et des ignorants, et qui a été et est encore si profitable, qu'il n'y a presque pas de nation qui n'ait voulu l'avoir dans sa langue, en sorte que l'on admire la multitude des éditions qui en ont été faites.

« Un nombre infini d'âmes ont trouvé dans ce livre le moyen de leur salut et le chemin de la vraie perfection chrétienne, chacun dans sa condition. J'ai vu un grand nombre de personnes qui toutes m'ont dit avoir tiré de ce livre les prémices de leur dévotion, la lumière et les enseignements nécessaires pour la continuer et la conserver. »

Le but de saint François de Sales, dans cet ouvrage, était donc bien de ramener les tièdes, les indifférents et même les pécheurs à *la vie chrétienne*, en même temps qu'il avait en vue d'initier le plus d'âmes possible à la *vie dévote*.

Ajoutons que la dévotion et la piété sont deux termes à peu près synonymes, et que les auteurs spirituels les prennent assez indifféremment l'une pour l'autre. Qu'est-ce en effet que la dévotion, si ce n'est la vraie vie chrétienne, c'est-à-dire, la piété, qui ajoute aux devoirs d'état la pratique des exercices religieux, tels que la prière, la méditation, la confession, la communion....

Mais ce n'est pas tout. En dehors de ces exercices, la piété sait faire des sacrifices, conformément à l'esprit de Jésus-Christ; comme aussi elle conserve dans l'habitude de la vie cette simple bonne volonté, au moyen de laquelle on sert Dieu avec confiance et paix; elle est ronde, franche, sans affectation, comme sans respect humain; elle est aimable et gracieuse. Cette piété qui s'épanouit surtout dans l'amour divin, au fond du cœur, comprend aussi les œuvres extérieures de la charité envers le prochain.

Nous pouvons maintenant résoudre la question de la vie dévote ou piété.

C'est cet état de l'âme par lequel, accomplissant tout ce que nous faisons, pour l'amour de Dieu, et en vue de lui plaire, nous vivons dans une sorte d'intimité avec Lui ; et nous devons reconnaître à ce trait l'esprit de saint François de Sales.

Oui, quand une âme arrive à vivre de cette vie-là, on peut dire que c'est une âme dévote, pieuse. Si elle n'est pas parfaite, du moins assurément elle est sur la voie de la perfection.

Ailleurs, saint François de Sales traite des plaisirs que l'on accueille, sans en calculer les inconvénients. « Pour jouer et danser licitement, dit-il, ce doit être par récréation, non par inclination ; pour peu de temps, non jusqu'à se fatiguer ; rarement, et non par passion. »

« Mais en quelle occasion peut-on jouer et danser ? » S'il se fût agi des danses, des jeux et des spectacles, tels qu'ils se montrent à notre époque, François de Sales eût été autrement sévère.

Du reste, s'il permet la danse et les jeux en certaines occasions, il n'hésite pas à donner cet avertissement : « O Philothée ! ces ridicules divertissements sont ordinairement dangereux ; ils dissipent l'esprit de dévotion, affaiblissent les forces de la volonté, refroidissent la sainte charité, recueillent en l'âme mille sortes de mauvaises dispositions ; c'est pourquoi l'on ne doit jamais se les permettre dans la nécessité même, qu'avec de grandes précautions.... »

Pour finir, empruntons encore quelques lignes à l'*Introduction.* « Considérez que les vertus et la dévotion peuvent seules rendre votre âme contente en ce monde ; voyez combien elles sont belles ; mettez en comparaison les vertus et les vices qui leur sont contraires ; quelle suavité en la patience, au prix de la vengeance, ou de la douceur, au prix de l'ire et du chagrin : de l'humilité, au prix de l'arrogance et ambition : de la libéralité, au prix de l'avarice : de la charité, au prix de l'envie : de la sobriété, au prix des désordres ; les vertus ont cela d'admirable, qu'elles délectent l'âme d'une douceur et suavité nompareille, après qu'on les a exercées. Or sus donc, pourquoi n'entreprendrons-nous pas d'acquérir ces suavités ?... »

C'est avec raison que l'on a appelé l'*Introduction à la vie dévote*, le *Manuel favori des âmes*. Apprécié des souverains, ce livre le fut aussi des prélats, des ecclésiastiques et des personnes du monde. Quand il parut, un grand seigneur en fut tellement épris, qu'il conseilla au Saint de ne plus écrire, jugeant impossible qu'il pût rien produire de comparable.

Parmi ceux qui ont traité de la dévotion : les uns pour l'avoir rendue trop austère, l'ont présentée comme incompatible avec les obligations de leur état; d'autres l'accommodant à leurs passions, ou à leur intérêt personnel, l'avaient défigurée, et, par suite, elle était devenue mondaine, tout au moins trop facile.

Saint François de Sales ne l'avait pas ainsi

comprise. Séparant la vraie dévotion de tout rigorisme, il lui conserva la dignité qui lui convient et la montra compatible avec les différentes situations de la vie. Mais elle n'en resta pas moins toujours elle-même, avec sa croix, ses épines, ses épreuves; mais aussi avec ses consolations et ses bienfaits. « Enseignements précieux, a dit Bossuet, auxquels le religieux le plus fervent et le courtisan le plus dépravé ne refuseront pas leur estime, s'ils ne leur donnent leur assentiment. »

TRAITÉ DE L'AMOUR DE DIEU

Dans son *Traité de l'amour de Dieu*, François de Sales enseigne ce qu'il y a de plus parfait pour les âmes pieuses, et il le fait en maître qui joint la science dont il a su se servir lui-même à la science qu'il a acquise par l'étude et la prière. Entrepris sur les instances de esainte Chantal, ce *Traité* admirable fut une source de lumières pour cette grande âme et pour toutes celles qui y ont cherché l'amour divin.

« Le Bienheureux, a dit notre sainte, a fait le *Traité* admirable *de l'Amour divin*, qui contient douze livres, dans lesquels on voit combien il excellait dans la science des saints, et quelle était la pureté de son amour pour Dieu. Souvent, en composant, il disait qu'il essayerait d'en écrire autant sur son cœur que sur les feuilles de papier. Les âmes humbles qui reçoivent de Dieu des lumières particulières et abondantes, y trouvent tout ce qu'elles sauraient désirer pour leur solide conduite dans la parfaite union de leur âme avec Dieu.

« Aussi c'est une vérité constante et assurée parmi ceux qui ont connu ce saint prélat et qui ont lu ses livres, que l'on peut suivre sa doctrine sans aucune crainte d'errer ; car ils disent qu'elle est parfaitement catholique, claire, sans nuage, solide et sûre, et qu'elle conduit à la pureté de la foi et à la perfection du divin amour.... »

Nous ne devons donc pas être surpris que ce livre, qui offre le plus complet et le plus ravissant enseignement de l'amour de Dieu, ait contribué pour beaucoup d'âmes, non-seulement à leur perfection, mais à leur sainteté.

Ainsi que l'a dit un ancien auteur : « La charité, l'humilité, inséparablement unies, sont les guides dans les voies spirituelles ; la douceur aplanit le chemin, l'amour de Dieu et la conformité à la volonté divine, la ferme espérance dans sa bonté, y font marcher avec tranquillité, avec joie. Il ajoute :

« Pour l'heureux fidèle qui aspire à la perfection, et pour le directeur des âmes, François de Sales est le guide non-seulement utile, mais nécessaire ; le méconnaître, fermer son cœur à ses doctes leçons, c'est négliger le don de Dieu... »

Écoutons maintenant saint François de Sales. « Combien sommes-nous obligés à cet amour éternel qui nous est si doux, et qui, comme un bon père, a tant de soins de nous inspirer continuellement le désir d'être tout siens !.....

« Combien sont à plaindre, disait-il encore, ceux qui n'aiment pas Dieu ! Car il en est qui placent toutes leurs affections dans les choses de ce monde. A moi, disent-ils, les richesses ; à moi les honneurs ; à moi les dignités ; et pour arriver à leurs fins, il n'est de sacrifices qu'ils s'imposent....

« O folie ! ils savent qu'il leur faudra mourir un jour, et néanmoins ils vivent comme s'ils ne devaient jamais mourir. Quant à moi, ajoutait-il, je veux vivre avec mon Sauveur, mais il faut que les flammes sacrées de son amour qui n'épargnèrent pas le Créateur, consument aussi la chétive créature ; oui, je veux vivre et mourir sur son sein, sans que ni la mort, ni la vie puissent m'en séparer... O Amour éternel! mon âme vous recherche et vous choisit éternellement. Venez, Esprit-saint ! enflammez nos cœurs de votre amour. Ou aimer, ou mourir. Mourir à tout autre amour, pour vivre à celui de Jésus..... »

Rappelons ici ces paroles de saint Paul : « L'amour de Jésus-Christ nous presse. »

Combien elles sont tendres et pleines d'onction, les réflexions que saint François de Sales fait sur ce texte dans son livre de l'Amour de Dieu! « Rien, Théotime, ne presse tant le cœur de l'homme que l'amour : si un homme sait qu'il est aimé de qui que ce soit, il est pressé d'aimer réciproquement; mais si c'est un homme vulgaire qui est aimé d'un grand seigneur, certes, il est bien pressé ; et, si c'est un grand monarque, combien est-ce qu'il est pressé davantage! Sachant donc que Jésus-Christ, vrai Dieu, nous a aimés jusqu'à souffrir pour nous la mort, et la mort de la croix, n'est-ce pas cela avoir nos cœurs sous le pressoir, et les sentir presser de force, et en sentir exprimer de l'amour, par une contrainte d'autant plus violente qu'elle est tout aimable ? »

Un saint, tel que notre grand patriarche, ne pouvait traiter l'amour divin que d'une manière complète. Le pénétrant dans toute sa profondeur, il devait l'exposer dans toutes ses richesses; et par là il devenait le directeur de tous : religieux, savants, comme simples fidèles. Cette mission, il l'a remplie avec une telle supériorité de génie, que son *Traité de l'Amour de Dieu* demeure le chef-d'œuvre du genre parmi les écrits ascétiques.

Comme preuve, nous aimons à réunir ici quelques extraits de cet admirable livre.

« L'amour de Dieu est la fin, la perfection et l'excellence de tout l'univers.... En cela, Théotime, consiste la grandeur et primauté du commandement de l'amour divin, que le Sauveur nomme le *premier et le très-grand commandement*. Tout est fait pour ce céleste amour, et tout se rapporte à lui.....

« De l'arbre sacré de ce commandement dépendent tous les conseils, exhortations, inspirations, et les autres commandements, comme ses fleurs, et la vie éternelle comme son fruit ; or tout ce qui ne tend point à l'amour éternel, tend à la mort éternelle. Grand commandement, duquel la parfaite pratique dure en la vie éternelle, et ainsi n'est autre chose que la vie éternelle.....

« Mais voyez, Théotime, combien cette loi d'amour est aimable. Eh! Seigneur Dieu, ne suffisait-il pas qu'il vous plût encore de nous y exciter par exhortations, de nous y pousser par vos commandements ? Mais non, Bonté divine, afin que ni votre grandeur, ni notre bassesse, ni prétexte quelconque ne nous retardât de vous aimer, vous nous le commandez....

« O cœur de mon âme, qui es créé pour aimer le bien infini, quel amour peux-tu désirer, sinon cet amour qui est le plus désirable de tous les amours? Hélas! ô âme de mon cœur! quel désir peux-tu aimer, sinon le plus aimable de tous les désirs? O amour des désirs sacrés! ô désirs du saint amour! oh! que *j'ai souhaité de désirer* vos perfections !.....

« Théotime, le désir d'aimer et l'amour dépendent de la même volonté; c'est pourquoi dès que nous avons formé le vrai désir d'aimer, nous commençons d'avoir de l'amour, et, à mesure que ce désir va croissant, l'amour aussi va s'augmentant. Qui désire ardemment l'amour, aimera bientôt, avec ardeur.....

« O Dieu, qui nous fera la grâce que nous brûlions de ce désir, qui est « le désir des pauvres et la préparation de leur cœur » que Dieu « exauce » volontiers? Qui n'est pas assuré d'aimer Dieu, il est pauvre, et, s'il désire de l'aimer, il est mendiant, mais mendiant de l'heureuse mendicité, de laquelle le Sauveur a dit : « Bienheureux sont les « mendiants d'esprit, car à eux appartient le « royaume des cieux….. »

« Et si nous pensons aux motifs de cet amour, la bonté divine considérée en elle-même n'est pas seulement le premier motif de tous, mais le plus grand, le plus noble et le plus puissant ; car c'est celui qui ravit les Bienheureux, et comble leur félicité…..

« Le deuxième motif est celui de la providence surnaturelle de Dieu envers nous, et de la rédemption qu'il nous a préparée….

Le troisième motif, c'est de considérer comment Dieu pratique cette providence et rédemption fournissant à chacun toutes les grâces et assistances requises à notre salut.

« Le quatrième motif est la gloire éternelle que la divine bonté nous a destinée, qui est le comble des bienfaits de Dieu envers nous.....

« Mais comme Dieu *créa l'homme à son image et semblance*, aussi a-t-il ordonné un amour pour l'homme, à l'image et semblance de l'amour qui est dû à sa Divinité. « Tu aimeras, « dit-il, le Seigneur ton Dieu de tout ton « cœur ; c'est le premier et le plus grand « commandement. Or le second est semblable « au premier : Tu aimeras ton prochain comme « toi-même..... »

« Pourquoi aimons-nous Dieu, Théotime ? La cause pour laquelle on aime Dieu, dit saint Bernard, c'est Dieu même ; comme s'il disait que nous aimons Dieu, parce qu'il est la très-souveraine et très-infinie bonté...

« Pourquoi nous aimons-nous nous-mêmes en charité ? Certes, c'est parce que nous sommes l'image et semblance de Dieu. Et puisque tous les hommes ont cette même dignité, nous les aimons aussi comme nous-mêmes, c'est-à-dire, en qualité de très-saintes et vivantes images de la Divinité...

« C'est en cette qualité-là, Théotime, que nous appartenons à Dieu, d'une si étroite alliance et d'une si aimable dépendance, qu'il ne fait nulle difficulté de se dire notre Père, et nous sommes ses enfants.,. »

LETTRES DE DIRECTION

Le chemin de la piété est souvent hérissé d'épines. On sent partout leurs pointes aiguës. C'est ainsi que le chrétien rencontre parfois, au lieu du bonheur qu'il attendait au pied des autels, des aridités désolantes. Il veut aimer Dieu ; mais il a beau lever les yeux vers le ciel, son cœur est muet.

Épreuve fréquente ! Il semble que Dieu la réserve à toutes les âmes qui le cherchent. Celles que dirigeait François de Sales n'y succombaient pas ; il les formait à vaincre cette tentation, non par des exercices difficiles, mais par une sainte habitude de confiance en Dieu. Il leur faisait attendre, humblement, que la main qui avait élevé ces nuages les dissipât. Quelles que fussent leurs angoisses, il les forçait de puiser à la plus pure source des consolations, à prier et à s'approcher de la table sainte.

Quels sages ménagements de la fragilité humaine ! Quelle ingénieuse condescendance chacun pourrait chercher et trouver dans ses enseignements et ses avis ! Or, nous devons le dire ici, c'est surtout dans les Lettres du saint Évêque que l'on reconnaît son merveilleux instinct à découvrir les vertus et les faiblesses des personnes qui se confiaient à lui ; c'est là qu'il montre son immense charité pour leur procurer le salut et la paix ; il n'est pas un danger qu'il ne prévienne, pas une inquiétude qu'il ne dissipe.

Mais pour donner encore une idée plus exacte et plus complète de la direction de notre Saint, nous ajouterons qu'il paraît bien qu'elle avait pour but spécialement de combattre le découragement des âmes. Il savait les funestes ravages que cette cruelle tentation fait parmi elles. Elle ruine la piété, anéantit l'esprit de prière et d'oraison, étouffe la reconnaissance dans les cœurs, diminue les forces pour le combat, éteint les saintes ardeurs de la charité, énerve la volonté et ôte toute énergie ; outre qu'elle semble ébranler la foi à la Rédemption du Sauveur, à l'efficacité de ses mérites et de sa passion.

Saint François de Sales avait découvert les causes de ce funeste découragement, qui sont, d'après lui, la tristesse spirituelle, l'attachement aux consolations sensibles, le souvenir des péchés passés, les fautes présentes et les rechutes, les tentations, les sécheresses, la négligence qu'on met à corriger les défauts de caractère et la fausse idée qu'on se fait d'une vertu sans imperfection ; de plus, l'ingratitude envers Dieu, la trop grande préoccupation de nos misères spirituelles, la miséricorde de Dieu peu connue. Or le grand remède qu'il indique pour tous ces maux, c'est l'abandon de soi à Dieu, l'amour, la confiance et une obéissance entière.

Les Lettres de François de Sales sont donc un vrai trésor pour les âmes pieuses, puisqu'on y trouve des directions, des conseils appropriés à toutes les situations de la vie. C'est une mine féconde d'instructions religieuses où la morale évangélique, toujours appliquée avec justesse, est mise à la portée de toutes les classes, et où elle conserve cette onction, cette simplicité qui en faisait le caractère dans la bouche du Sauveur des hommes. On y sent un cœur tout à fait à Dieu, en servant le prochain, et l'on voit cette plénitude d'amour qui déborde.

Hommes de tout âge et de toute profession, ecclésiastiques et laïques, jeunes personnes et mères de familles, religieux et religieuses, tous lisent ces lettres et ils y trouvent une douceur, un calme infini. Que l'indifférent, que l'impie lui-même suivent cet exemple ; des réflexions salutaires seront le résultat de la lecture qu'ils auront faite, et le saint Évêque de Genève triomphera encore après sa mort, de l'erreur et de l'égarement, avec les mêmes armes de la douceur et de la persuasion, qu'il maniait de son vivant avec tant de succès.

N'en soyons pas surpris, c'est toujours la même doctrine exprimée avec un abandon qui en accroît le charme et la force. Ses enseignements ont un caractère tout à la fois plus général et plus précis. Ils ne sont pas donnés à un être idéal, une Philothée ou un Théotime ; ils s'adressent à des âmes pieuses et inquiètes, à des cœurs troublés qui avaient demandé à l'illustre Évêque de Genève une lumière et un appui. Et, comme ses correspondants étaient nombreux, comme ils se trouvaient dans des situations différentes, les lettres répondent à tous les besoins ; elles forment, ainsi que l'a dit justement l'un des derniers éditeurs des Œuvres complètes, « tout un code de morale chrétienne et de haute spiritualité. »

Mais comme exemple d'une direction spirituelle de saint François de Sales, citons une lettre qu'il avait adressée à Mme Brulard, femme du premier président du parlement de Dijon.

« La vertu de dévotion n'est autre chose qu'une générale inclination et promptitude d'esprit à faire ce qu'il connaît être agréable à Dieu. C'est cette dilatation de cœur de laquelle David disait : « J'ai couru en la voie « de vos commandements, quand vous avez « dilaté mon cœur. » Ceux qui sont simplement gens de bien, cheminent sur la voie de Dieu ; mais les dévôts courent, et, quand ils sont bien dévôts, ils volent. Maintenant je vous dirai quelques règles qu'il faut observer pour être vraiment dévôte. Il faut, avant toutes choses, observer les commandements généraux de Dieu et de l'Église, qui sont établis pour tout fidèle chrétien ; et sans cela, chacun le sait, il n'y peut avoir aucune dévotion dans le monde. Outre les commandements, il faut soigneusement observer les commandements particuliers qu'un chacun a pour le regard de sa vocation ; et quiconque ne le fait, quand il ferait ressusciter les morts, il ne laisse pas d'être empêché... Voilà donc deux sortes de commandements qu'il faut soigneusement observer pour fondement de toute dévotion ; et néanmoins la vertu de dévotion ne consiste pas à les observer, mais à les observer avec promptitude et volontiers. Or, pour acquérir cette promptitude, il faut employer plusieurs considérations.

« La première, c'est que Dieu le veut ainsi ; et il est juste que nous fassions sa volonté, car nous ne sommes en ce monde que pour cela. Hélas ! tous les jours nous lui demandons que sa volonté soit faite ! et quand ce vient à la faire nous avons tant de peine! Nous nous offrons à Dieu si souvent, nous lui disons à tous coups : Seigneur, je suis vôtre, voilà mon cœur, et quand il nous veut employer, nous sommes si lâches! Comment pouvons-nous dire que nous sommes siens, si nous ne voulons accommoder notre volonté à la sienne ?

« La seconde considération, c'est de penser à la nature des commandements de Dieu qui sont doux, gracieux et suaves, non-seulement les généraux, mais encore les particuliers de la vocation.

« Et, qu'est-ce donc qui vous les rend fâcheux ? Rien, à la vérité, sinon votre propre volonté, qui veut régner en nous à quelque prix que ce soit, et les choses que peut-être elle désirerait si on ne les lui commandait, elle les rejette... — Ce n'est pas à nous de choisir à notre volonté, il faut vouloir ce que Dieu veut ; et si Dieu veut que je le serve en une chose, je ne dois pas vouloir en choisir une autre... Mais ce n'est pas tout : il faut, non-seulement vouloir faire la volonté de Dieu, mais, pour être dévôt, il le faut faire gaiement. Si je n'étais pas évêque, peut-être sachant ce que je sais, je ne voudrais pas l'être; mais l'étant, non-seulement je suis obligé de faire ce que requiert cette pénible vocation, mais je dois le faire joyeusement, et dois me plaire en cela, et m'y agréer. C'est le dire de saint Paul : « Que chacun « demeure en sa vocation devant Dieu. » — Il ne faut pas porter la croix des autres, mais la sienne; et pour porter chacun la sienne, Notre-Seigneur veut que nous renoncions à nous-mêmes, c'est-à-dire à notre propre volonté. Je voudrais bien ceci et cela, je serais mieux ici et là ; ce sont tentations. Notre-Seigneur sait bien ce qu'il fait : faisons ce qu'il veut, demeurons où il nous a mis...

— Pensez souvent que tout ce que nous faisons tire sa vraie valeur de la conformité de notre volonté avec celle de Dieu... »

Voici une autre lettre que notre Saint écrivit à une de ses parentes. « Madame ma chère cousine, je ne puis, ni ne veux pas me contenir de vous écrire, ayant un porteur si assuré. Ce n'est pourtant que pour vous dire que je demande continuellement à la sainte messe beaucoup de grâces pour votre âme, mais surtout, et pour tout, l'amour divin ; car aussi est-ce notre tout ; c'est notre miel, ma chère cousine, dedans lequel et par lequel toutes les affections et toutes les actions de notre cœur doivent être confites et adoucies.

« Mon Dieu, que le royaume intérieur est heureux, quand ce saint amour y règne ! Que bienheureuses sont les puissances de notre âme qui obéissent à un roi si saint et si sage ! Non, ma chère cousine, sous son obéissance et dans cet état, il ne permet point que les grands péchés habitent, ni même aucune affection aux plus moindres ! Il est vrai qu'il les laisse bien aborder les frontières, afin d'exercer les vertus intérieures à la guerre, et les rendre vaillantes, et permet que les espions, qui sont les péchés véniels et les imperfections, courent çà et là parmi son royaume ; mais ce n'est que pour faire connaître que sans lui nous serions en proie à tous nos ennemis.

« Humilions-nous fort, ma chère cousine, ma fille ; avouons que si Dieu ne nous est cuirasse et bouclier, nous serons incontinent percés et transpercés de toutes sortes de péchés. C'est pourquoi tenons-nous bien à Dieu par la continuation de nos exercices. »

UNE SIMPLE OBSERVATION

La chose dont s'embarrassait le moins saint François de Sales, était la qualité d'auteur et les conséquences qu'elle emporte d'ordinaire. Il écrivait comme il priait, comme il parlait, comme il sentait. De là, cet abandon, ces redites qui fatiguent les uns, tandis qu'elles édifient les autres, en leur montrant à découvert une belle âme que les prétentions mondaines n'ont point violentée, une âme qui ne cache rien, qui ne se façonne point. Mais les paroles des saints valent mieux que toutes les phrases les plus éloquentes. Les saints parlent au cœur, parlent le langage du cœur, et ce langage est le seul qui soit l'expression vraie d'une religion fondée sur l'amour.

Le Mans. — Typ. Ed. Monnoyer, place des Jacobins.

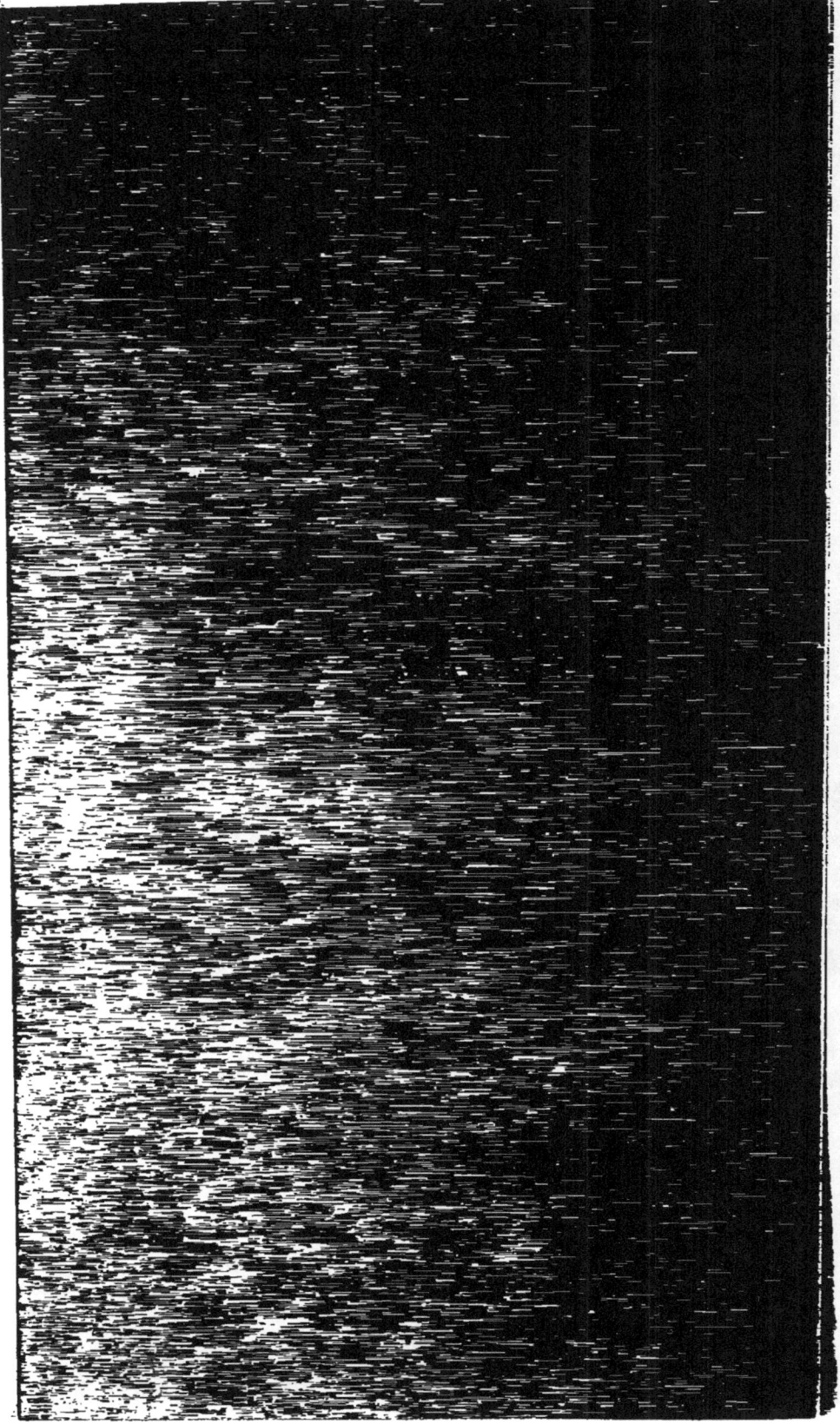

www.ingramcontent.com/pod-product-compliance
Lightning Source LLC
Chambersburg PA
CBHW070659050426
42451CB00008B/430